UKRAINIAN COO

CHRISTMAS & EASTER DISHES

MW01222762

BY TARAS SABADASH

FIRST EDITION
7TH DECEMBER 2020

Acknowledgements:
This would not have been possible without
my wife Ivanka, for the cookbook design;
Mom and Grandmother, for sharing their recipes
and culinary secrets;
and for the edits by Danya Pidlisetska, Stefka
Lytwyn & Yulia Kluskovska

Also thanks to:
Snezhana Maryanova for my great apron; Vincent
Rees & Steven Brese - thank you for helping with
the advertising.

A Special Thank you for all the support of my Lviv
and Edmonton colleagues; to Cobblestone
Freeway, who made my dreams come true,
and a huge thanks to all my tourists and guests
who inspired me over the years to continue my
work.

ABOUT TARAS

Taras grew up in a village between his current city of Lviv and the Polish border, where he developed a passion for cooking at a very young age. He remembers learning from his family and taking turns trying different recipes and trading secrets. And not just in the kitchen, but also by collecting fresh mushrooms in the forest and spending time in the village garden. Some of his best recipes and culinary secrets he learned from his grandmother.

While leading groups of tourists from around the world to the various regions of Ukraine on a wide variety of tours, he noticed that food and local recipes really fascinated all kinds of travellers, and really helped people make a connection with Ukraine. For some people it was the culinary experience and for others it was nostalgia for food from their own past.

Taking people to all the best restaurants throughout Ukraine was obviously wonderful, but when Taras was asked to take a group to his home village... everything changed.

Taras witnessed how people responded to the simple pleasures of eating authentic and traditional simple home cooking, combined with genuine personal touch. Guests were overwhelmed and it outstripped any five star experience people had in the most well-known restaurants.

After many years of guiding travellers around Ukraine, Taras became an expert in the unique culinary traditions of the various sub regions of Ukraine. Combining that knowledge with his childhood passion and his grandmother's recipes, Taras finally decided to write his first cook book.

If you want to enjoy a special culinary tour with Taras and experience the delicious delights of Ukrainian cuisine, please go to www.cobblestonefreeway.ca. You can take a scheduled culinary tour or book a private custom trip at your convenience.

Christmas & Easter are beloved celebrations not only in Ukraine, but all around the world. There is an abundance of stories, traditions and rituals followed in preparation for these big holidays. These days are special, as they bring entire families together. During the holidays Ukrainians visit their loved ones, both alive and deceased, by going to cemeteries, but also preparing delicious dishes together. Christmas Eve supper begins when the first star can be seen in the sky, a dinner which usually consists of 12 traditional dishes. Taras lays out his favourite 12 Christmas dishes in this brand new holiday cookbook, followed by a guide for the essential elements for your Easter basket.
Enjoy traditions, holiday recipes, and time spent with family - cooking with *Taras' Kitchen*!

With love from Ukraine

Різдво та Великдень є двома важливими святами не тількив Україні, але і у всьому світі. Існує багато ічторій, традицій, святкуань та підготовки до цих свят.
Усі члени родини зазвичай разом у ці дні.
В Україні ми маємо традицію відвідувати своїх близьких та рідних на свята, а також, тих, які відійшли від нас та спочивають на кладовищах.
Різдвяна вечеря починається зі сходом першої зірки на небі. Також, на святковий стіл подають XII традиційних страв.
Насолоджуйтесь традиціями та святковими рецептами разом з усією родиною з усіма секретами книги від *'Taras' Kitchen'*.

З любов'ю, з України

CONTENTS

CHRISTMAS DISHES

РІЗДВЯНІ СТРАВИ

I
KUTYA
(SWEET WHEAT STEW)

• •

INGREDIENTS:

250 g wheat
100 g poppy seeds
75 g raisins
50 g walnuts
50 g sugar
25 ml honey

• •

DIRECTIONS:

Soak the wheat in water overnight. The following day, drain it, and proceed to cook it in 1l of water for 2-2.5 hours, stirring occasionally, and adding water as needed. Once soft, drain completely. Meanwhile, soak the poppy seeds in boiled water, and set aside. Later on drain them, and blitz them in a blender with sugar, or - if you're going for authenticity – grind them with a wooden pestle called a 'makohin'. Rinse the raisins, then dry them on a paper towel. Finely chop your walnuts. Combine all the ingredients in a bowl and stir well adding honey to taste.

4

І
КУТЯ

● ● ● ● ● ● ● ● ● ● ● ● ● ● ● ●

ІНГРЕДІЄНТИ:

пшениця (кутя) – 250 г, мак – 100 г,
родзинки – 75 г, волоський горіх – 50 г,
цукор – 50 г, мед – 25 мл.

● ● ● ● ● ● ● ● ● ● ● ● ● ● ● ●

ПРИГОТУВАННЯ:

кутю залити водою на 1 ніч. Наступного
дня залийте 1 л води та варіть 2-2,5
години, помішуючи та доливаючи води.
Запарити мак кип'яченою водою. Пізніше
перетріть мак з цукром (макогоном в
макітрі, або ж, для практичності - в
блендері). Можна також використовувати
готовий перетертий мак з цукром.
Промийте родзинки та висушіть від води
та додайте до куті з маком. Горіхи дрібно
поріжте та також додайте до куті. Залити
медом та перемішати всі інгредієнти.

MARINATED MUSHROOMS

INGREDIENTS:

1/2l canned (salted) mushrooms
1 medium onion
50 ml vegetable oil
10-15 ml white vinegar
Salt & pepper to taste

DIRECTIONS:

You can use any kind of mushrooms, I use 'white mushrooms' – ceps mushrooms. Rinse and drain your mushrooms. Peel and cut the onion into rounds, and soak in boiling water for 2-3 minutes. Afterwards, drain the water and get rid of as much moisture as possible.
Combine the mushrooms, onion, oil, and vinegar, season with salt and pepper, and mix well.

II
МАРИНОВАНІ ГРИБИ

· · · · · · · · · · · · · · · · · · · ·

ІНГРЕДІЄНТИ:

консервовані (солені) гриби – 0,5 л,
цибуля – 1 шт., олія – 50 мл,
оцет– 10-15 мл, сіль та перець до смаку.

· · · · · · · · · · · · · · · · · · · ·

ПРИГОТУВАННЯ:

гриби – можуть бути будь-які, але ми
використовуємо білі гриби. Промийте
гриби та злийте воду. Цибулю нарізати
пів кружальцями та залийте кип'яченою
водою на 2-3 хвилини, злийте воду та
відтисніть цибулю. Додайте пучку солі,
перцю, олію, оцет і перемішайте все.
Додайте маринад з цибулею до грибів та
перемішайте все разом.

III

MACHKA
(MUSHROOM GRAVY)

●●●●●●●●●●●●●●●●●●●●●●●●

INGREDIENTS:

1 cup dried mushrooms*
1 onion
2 tbsp flour
1l water
Salt and pepper to taste

●●●●●●●●●●●●●●●●●●●●●●●●

DIRECTIONS:

Soak the mushrooms in water overnight.
In the morning, drain them, then boil
them in 1/5 l of water. Peel and finely cube
the onion, add to the mushrooms, with
some salt. Proceed to make the gravy base
– in a pan, lightly fry your flour on medium
heat, stirring constantly to prevent
burning. Once the flour has turned a
golden color, gradually incorporate water,
stirring well to avoid lumps. Once well
mixed, transfer the gravy base into the
mushroom stew, season to taste and
cook for another 15 minutes.

*Alternatively, you can use raw
mushrooms, chopped and lightly fried,
before adding the water to make a broth.

III
МАЧКА З ГРИБАМИ

• • • • • • • • • • • • • • • • • •

ІНГРЕДІЄНТИ:

сушені гриби – 1 стакан, цибуля – 1 шт.,
мука – 2 ст. л., вода – 1 л,
сіль, перець та спеції до смаку.

• • • • • • • • • • • • • • • • • •

ПРИГОТУВАННЯ:

гриби замочити на 1 ніч. Злийте воду з
грибів та поставте їх варити, заливши
водою 0,5 л. Нарізати 1 цибулину
дрібними кубиками та додати разом із
сіллю до грибів. Далі 'спражимо'
(просмажуємо) муку на сковорідці до
золотого кольору. Після чого, поступово
додаємо воду до муки, постійно її
помішуючи. Додати муку з водою до
грибів, додати сіль, перець та спеції до
смаку, варити ще до 15 хвилин, постійно
помішуючи її. Загальний час
приготування – до 1 години.

IV
POTATO, SAUERKRAUT, & BUCKWHEAT VARENYKY (DUMPLINGS)

● ●

INGREDIENTS:

Filling:
350-400g potatoes
200-250g sauerkraut*
100-150 g buckwheat
2-3 onions
1 carrot
200 ml vegetable oil
Salt & pepper to taste

Dough:
850-900g flour, sifted
1.5 tsp salt
6 tbsp vegetable oil
700 ml warm water

● ●

DIRECTIONS:

Peel and chop the potatoes, and boil them in slightly salted water. Rinse the buckwheat through, and cook as directed. Rinse the sauerkraut and boil (both sauerkraut and potatoes should be cooked for about 45 minutes). Peel and finely grate the carrots. Peel and finely chop the onions, sauté lightly in some oil, then divide so that 1 third is separated from the rest. Once the potatoes are cooked, drain and allow them to cool. Once cool, mash the potatoes, add in the third of the onions, and season to taste with salt and pepper. Once the sauerkraut is cooked – drain, cool, and chop into smaller, bite-size pieces. Fry lightly in a pan to eliminate any excess liquid. Divide the sauerkraut into 2 parts for different fillings. Combine one part with sautéed onions and carrots; the other part will be combined with buckwheat. Once buckwheat is cooked – drain (if needed) and let cool. Combine buckwheat with sauerkraut, and part of the sautéed onions and carrots. Season to taste. Now all your fillings are done: potato, buckwheat, and sauerkraut!

For the dough – combine all the ingredients and mix, until a smooth dough is formed (add your flour gradually, since you might need more or less than specified). Roll out the dough, and cut out circles for your varenyky. Take a circle, and scoop a spoonful of filling onto the dough. Bring the edges together into a half circle and pinch together until sealed. You might want to pinch the edges differently, to differentiate your fillings!
Bring salt water to a boil and boil all your varenyky, until cooked. Serve with fried onions, but also you can save some to fry for the next day. You can also freeze your varenyky and reserve for later use.

***To learn to make your own sauerkraut,
see page 74 in my first book.**

ВАРЕНИКИ З КАРТОПЛЕЮ, КВАШЕНОЮ КАПУСТОЮ ТА ГРЕЧКОЮ

● ● ● ● ● ● ● ● ● ● ● ● ● ● ● ● ● ● ● ●

ІНГРЕДІЄНТИ:

картопля – 350-400 г (10 картоплин), квашена капуста – 200-250 г, гречка – 100-150 г, цибуля – 2-3 шт., морква – 1 шт., олія – 200 мл, сіль та перець до смаку.

● ● ● ● ● ● ● ● ● ● ● ● ● ● ● ● ● ● ● ●

ПРИГОТУВАННЯ:

картоплю почистити та поставити варити, додайте солі до води. Гречку промити декілька разів та також поставити варити, додавши солі до води. Капусту промити та поставити варити. Картоплю та капусту варити до 45 хв. Гречку потрібно відварити до 15 хв. Моркву почистити та натерти на дрібній терці, 1 цибулину порізати на кубики та підсмажити на олії. Дві інші цибулі нарізати на дрібні кубики та також підсмажте на олії. Картоплю потовчіть товкачем для картоплі, додайте підсмажену цибулю, солі, перцю до смаку і все перемішайте. Капусту відцідити, порізати ножем та підсмажте на сковорідці. Розділіть капусту на дві начинки. До капусти додайте частину підсмаженої цибулі з морквою, а іншу частину залиште до гречки. Пізніше злийте воду з гречки та дайте їй остигнути. Перемішайте гречку з капустою і додайте до них другу частину підсмаженої цибулі та моркви, також посоліть і поперчіть до смаку і перемішайте. Начинки до вареників готові.

● ● ● ● ● ● ● ● ● ● ● ● ● ● ● ● ● ● ● ●

Тісто: просіяти 5 стаканів муки (850-900 г), 1,5 ч. л. солі, 6 ст. л. олії та 2-2,5 склянки теплої води (700 мл). Замішайте тісто, додаючи до нього муку. Формуйте з тіста варенички, або використовуйте форму для ліплення вареників. Варити вареники всі, зараз поясню чому?! Відварюємо всі вареники та заправляємо ті, що залишаться для наступного дня звичайною олією (вони тоді не будуть злипатися до купи). Для чого варити всі вареники? Ви, звісно, можете частину заморозити, але ж усі люблять смажені вареники наступного дня на Різдво. Окремо підготуйте багато засмаженої цибулі для заправки до мачанки, зупи, голубців та вареників. Приблизно 4 цибулини порізати на кубики та підсмажити на олії (150-200 мл).

V

SAUERKRAUT SOUP

● ●

INGREDIENTS:

500g sauerkraut*
4-5 potatoes
200-250g dry white beans
1 onion
Salt & pepper to taste

● ●

DIRECTIONS:

Note: all ingredients should be cooked in separate pans, then combined. Soak the beans in water overnight. Chop the sauerkraut into smaller pieces. In a large pot (in which we'll later combine all the ingredients) boil 1l of water, and cook the chopped up sauerkraut. Peel and chop the potatoes and onions, season with salt and boil (in a separate pan) until cooked. Drain the beans, and proceed to boil (in a separate pan) for about 1 hour, or until cooked (you'll need 1.5l of water for 250 g of beans). Once the beans are cooked – you can optionally use them whole, or alternatively mash them through a strainer, for a creamier texture, and to get rid of the skins. Don't dump the bean water! But rather, add it to the soup. Once cooked, mash up the potatoes and onions*, add to the sauerkraut, and add in the beans to the big pot. Season your soup to taste, and cook together for 10 minutes, stirring occasionally.
*If you like a thinner soup – mash your vegetables in their cooking water, if not – drain before mashing.

*To learn to make your own sauerkraut, see page 74 in my first book.

12

V
ЗУПА З КВАШЕНОЇ КАПУСТИ

• • • • • • • • • • • • • • • • •

ІНГРЕДІЄНТИ:

квашена капуста – 0,5 л, картопля – 4-5 шт.,
квасоля ('фасоля') – 200-250 г,
цибуля – 1 шт.,
сіль та перець до смаку.

• • • • • • • • • • • • • • • • •

ПРИГОТУВАННЯ:

квасолю замочити на 1 ніч. Всі інгредієнти потрібно
спочатку варити в окремих каструлях. Нарізаємо
капусту ножем та ставимо її варити в 1 л води у
великій каструлі, оскільки пізніше будемо додавати всі
інгредієнти до капусти. Чистимо картоплю і також
ставимо її варити, додавши 1 порізану на кубики
цибулину та пучку солі. Потім варимо квасолю (на 250
г квасолі потрібно 0,5 л води) до 1 години. Є два
варіанти подачі квасолі до зупи: 1) можна додати цілу
квасолю з водою; 2) можна подрібнити квасолю через
друшляк, де і позбудемось квасоляних шкірок.
Обов'язково використовуємо воду з квасолі до зупи.
Додаємо квасолю з водою до капусти. Товчемо
картоплю з цибулею та додаємо до капусти (якщо ви
хочете, щоб зупа була густіша – воду з картоплі
зливаємо, а щоб була рідка – товчемо картоплю з
водою). Додайте сіль та перець до смаку.
Варити до 10 хвилин, постійно помішуючи.

*Вивчаємо як зробити домашню квашену капусту в
іншій моїй книзі на ст. 74.

13

VI
FRIED FISH

● ●
INGREDIENTS:

1-2 white fish fillets
1 onion
1 garlic clove
150 ml vegetable oil
50 ml soy sauce
1 lemon wedge, juiced

3-4 eggs
250 g flour
Salt & pepper to taste

● ●
MARINADE:

Peel and finely grate the onions and garlic, mix with lemon juice, 50 ml of vegetable oil, soy sauce, salt and pepper.
Cut your fish into smaller pieces, place in a dish and coat with the marinade. Refrigerate for 1-2 hours.

DIRECTIONS:

To prepare your batter – whisk together the eggs, salt and pepper, then gradually incorporate 3-4 tbsp of flour. Mix well, until a thick, lump-free consistency is achieved. Preheat the oil in a pan on medium high – you want your pan to be hot, otherwise the batter will stick to the bottom of the pan. Dip a piece of fish in some flour first, then the batter, then fry on both sides, until a golden-yellow crust is formed. Do this gradually for all pieces.

14

VI
СМАЖЕНА РИБА

● ● ● ● ● ● ● ● ● ● ● ● ● ● ● ● ● ● ● ●

ІНГРЕДІЄНТИ:

риба – 1-2 філе риби хек, цибуля – 1 шт.,
часник – 1 зубчик, олія – 150 мл, соєвий
соус – 50 мл, лимон – 1 часточка, яйця
курячі – 3-4 шт., мука – 250 г, сіль, перець
та спеції до риби до смаку.

● ● ● ● ● ● ● ● ● ● ● ● ● ● ● ● ● ● ● ●

ПРИГОТУВАННЯ:

Маринад до риби: натерти на терці цибулю та
часник, додати 50 мл олії, соєвий соус,
видавлюємо лимонний сік з лимонної часточки,
додаємо сіль, перець та спеції до риби.

Приготування: рибу порізати на шматки для
смаження та перемішати з маринадом і залишити
на 1-2 години. Готуємо кляр для смаження риби:
збити яйця, додати солі та перцю, додаємо
поступово муку 3-4 ст. л., та все перемішуємо.
Кляр має бути густим, при потребі можна додати
води, або більше муки. Розігрійте сковорідку з
олією та смажте рибу на середньому вогні. Дайте
сковорідці та олії нагрітися, інакше риба буде
пригоряти. Обмочуємо рибу у муці,
тім у клярі, тоді на сковорідку смажити з обох
сторін до жовтого кольору.

VII
MARINATED HERRING

● ● ● ● ● ● ● ● ● ● ● ● ● ● ● ● ● ● ● ●

INGREDIENTS:

1 kg herring fillets
2-3 medium onions
100 ml vegetable oil
10 ml white vinegar
Salt & pepper to taste

● ● ● ● ● ● ● ● ● ● ● ● ● ● ● ● ● ● ● ●

DIRECTIONS:

In order to allow enough time for marinating, make this dish a day before serving it.

Peel and slice the onions into half circles; mix with the oil, vinegar and spices.

Cut the herring into pieces (3-4 cm long). Layer the herring in the marinade – make sure all the pieces are evenly coated. Store your herrings in a tightly sealed container, and refrigerate overnight.

VII
МАРИНОВАНИЙ
ОСЕЛЕДЕЦЬ

● ● ● ● ● ● ● ● ● ● ● ● ● ● ● ● ● ● ●

ІНГРЕДІЄНТИ:

філе оселедця – 1 кг, цибуля – 2-3 шт.,
олія – 100 мл, оцет – 10 мл, сіль та перець
до смаку.

● ● ● ● ● ● ● ● ● ● ● ● ● ● ● ● ● ● ●

ПРИГОТУВАННЯ:

оселедець готуємо на день раніше. Нарізати
цибулю напівкружальцями та перемішати її
з олією, оцтом; додаємо сіль та перець до
смаку. Нарізаємо рибу розміром до 3-4 см та
перекладаємо її з маринадом з цибулі в
контейнері, який можна щільно закрити.
Оселедець залишити на ніч в прохолодному
місці.

VIII

MUSHROOMS SOUP WITH 'VUSHKY' ('LITTLE EAR' DUMPLINGS)

● ●

INGREDIENTS:

300g dried mushrooms*
1 medium onion
1 medium carrot
1 bay leaf
100 ml vegetable oil

2-3 black peppercorns
250g flour
Salt & pepper to taste
Varenyky dough (see page 10)

● ●

DIRECTIONS:

Soak the mushrooms in water for 1 hour. Rinse and drain, then proceed to cook in 2l of water for about 20 minutes on medium heat. Peel and finely grate the carrot and onion, and sauté in oil for about 5 minutes, and season to taste. Once cooked, transfer part of the mixture to the mushroom broth, and reserve the rest for your dumpling filling.

Make varenyky dough (page 10), roll out a thin sheet and cut into small squares. Scoop the filling into your dumpling, then pinch together diagonally to form a triangle. Pinch the two opposite corners together, to resemble the shape of an ear (or a tortellini).

In a big pot prepare water, salt, a bay leaf and black peppercorns. Bring to a boil and proceed to cook your 'vushky'. To serve, place 3-4 dumplings onto a plate, and top with the mushroom broth.

*Alternatively, you can use raw mushrooms for this recipe, chopped and lightly fried.

VIII
ГРИБНА ЮШКА З ВУШКАМИ

● ● ● ● ● ● ● ● ● ● ● ● ● ● ● ● ● ● ● ●

ІНГРЕДІЄНТИ:

сушені гриби – 300 г, цибуля – 1 шт.,
морква – 1 шт., лавровий листок – 1 шт.,
олія – 100 мл,
перець чорний – 2 шт.,
мука – 250 г, сіль та перець до смаку.

● ● ● ● ● ● ● ● ● ● ● ● ● ● ● ● ● ● ● ●

ПРИГОТУВАННЯ:

сушені гриби замочити на 1 годину. Промити та
відцідити гриби та поставити їх варити з 2 л води
близько 20 хвилин на середньому вогні. На терці
потерти моркву та цибулю та почати їх смажити з
олією. Гриби зібрати друшляком та додати до моркви
з цибулею, смажити до 5 хв, додавши солі та перцю.
Частину смаження повертаємо в каструлю з водою і
варимо ще 5 хвилин, а іншу частину – дрібнимо в
блендері до однорідної маси – це наша начинка для
вушок. Замішуємо тісто як на вареники (ст.11), робимо
варенички та формуємо невеличкі трикутнички,
з'єднуючи обидва краї вареника разом. Закип'ятити
воду, додати до води солі, лавровий листок, 2
горошини чорного перцю та варити вушка. Вушка
викладаємо в тарілку по 3-4 шт.
та заливаємо грибним бульйоном.

19

IX

POTATO CABBAGE ROLLS FOR CHRISTMAS EVE

• •

INGREDIENTS:

1 cabbage head
12 medium potatoes
1 medium carrot
2 sweet onions
2 garlic cloves, minced
100 ml water

• •

DIRECTIONS:

Parboil the cabbage (you can either boil an entire cabbage, and then proceed to peel the leaves off, or boil them individually). Peel and grate the potatoes. Peel the onion, finely cube and cook in oil for 5-7 minutes. Peel and grate the carrots, and add them to the onion. Season the vegetables to taste, and add the garlic mince. Combine the carrot and onion mix with the potatoes, and mix well.
Proceed to roll the cabbage rolls. Slice off any 'ribs' from the cabbage leaves to facilitate easier rolling. Place a heaped spoon of filling onto a leaf and roll tightly. Place the rolls into a pot and add 1.5l of water. Cook on the stove for 5-10 minutes, and then bake in the oven for another 30-40 minutes at 150 C (300 Fahrenheit).

These are cooked without any dairy for Christmas Eve, but you can find the regular everyday recipe, with tomato sauce in my other cookbook on page 64.

IX
ГОЛУБЦІ З КАРТОПЛЕЮ

● ●

ІНГРЕДІЄНТИ:

листя капусти – 1 капуста, картопля 12 картоплин, цибуля – 2 шт., морква – 1 шт., часник – 2 зубчики, вода – 100 мл.

● ●

ПРИГОТУВАННЯ:

капусту варимо у кип'яченій воді до 20 - 30хв. Картоплю почистити та натерти на великій терці. Моркву натерти на малій терці. Цибулю порізати кубиками. Розігрійте сковорідку, додайте олії, та смажте цибулю до 5-7 хвилин. Додайте моркву та продовжуйте смажити. Натерти часник до цибулі з морквою, додайте солі та перцю. Перемішайте картоплю з цибулею та морквою. Листя капусти відділяємо та зрізаємо ножем товсті ділянки в області качана. Загортаємо картоплю у листя та робимо голубці. Помістіть всі голубці у каструлю з 0,5 л води та варіть їх до 15 хв. Ставимо голубці у духовку та запікаємо до 40 хв при температурі духовки +170°C.

Їх готують без жодних молочних продуктів на Святий вечір, але звичайний та повсякденний рецепт із приготуванням з томатним соусом ви можете знайти в іншій моїй книзі на сторінці 64.

X

UZVAR
(SMOKED DRIED FRUIT JUICE)

● ●

INGREDIENTS:

300g dried apples (or mixed dried fruit)
50g dried prunes
150 g sugar
3l water
1 lemon wedge

● ●

DIRECTIONS:

Soak the dried fruit in water overnight. In a pot bring water to a boil, add the dried fruit and prunes and boil for 15 minutes. Add in the lemon wedge and sugar, mix well, then cover and simmer for 5 minutes. Set aside and allow to cool. You can serve the juice at room temperature, or chilled with ice.

✕
УЗВАР

• •

ІНГРЕДІЄНТИ:

сушені яблука або мікс сушених
фруктів – 300 г, сушений чорнослив – 50 г,
цукор – 150 г, вода – 3 л, 1 долька лимону.

• •

ПРИГОТУВАННЯ:

замочіть яблука на одну ніч перед приготуванням.
Закип'ятіть воду та додайте яблука (мікс сушених
фруктів) та чорнослив та варіть ще 15 хвилин. За 5
хвилин до готовності кинути часточку лимону та
цукор, все перемішати та накрити кришкою.
Подавати на стіл прохолодним, можна додати льоду.

23

DONUTS WITH CHOCOLATE, CHERRY AND POPPY SEED

● ●

INGREDIENTS:

Dough:
1kg flour
100 g fresh yeast
1/2l whole milk
150 g sugar
10 eggs (2 whole eggs and 8 egg yolks)
2 tbsp vegetable oil
100 g butter (room temperature)
1 Tbsp vodka or brandy

Filling:
100 g canned sour cherries
100 g poppy seeds
50 g sugar
100 g chocolate (or chocolate bonbons)
10 g icing sugar
1/2l of vegetable oil
1/2l shortening

● ●

DIRECTIONS:

Sift the flour. Warm the milk, then dissolve the yeast. Add 50 g of sugar, 2-3 heaped tbsp of flour, 1 tbsp of vodka/brandy, and mix gently. Cover the mixture with a cloth and set aside to proof for 30 minutes in a warm place. Whisk together the 8 eggs yolks, 2 eggs, 2 tbsp of vegetable oil and gradually add in the flour. Combine the mixture with your dough starter, knead until elastic and glossy. Cover with a cloth and proof for 2 hours. Divide the dough into small balls and fill with a filling of your choice (poppy seeds blitzed with sugar, cherries, or chocolate). Once the donuts are formed, set aside to proof for 10 minutes.
Preheat 1/2l of vegetable oil and 1/2l of shortening. Fry donuts on both sides, until puffy and golden brown. Dust the donuts with icing sugar.

XI
ПАМПУХИ З ШОКОЛАДОМ, ВИШНЯМИ ТА МАКОМ

●●●●●●●●●●●●●●●●●●●

ІНГРЕДІЄНТИ:

вишні у своєму соці – 100 г, мак – 100 г,
цукор - 50 г, шоколад або шоколадні
цукерки – 100 г, цукрова пудра – 10 г.

●●●●●●●●●●●●●●●●●●●

Тісто: мука – 1 кг, дріжджі – 100 г,
молоко – 0,5 л, цукор – 150 г, яйця – 10 шт.,
(2 яйця і 8 жовтків), олія – 2 ст. л.,
вершкове масло – 100 г, горілка – 1 ст. л.

ПРИГОТУВАННЯ:

муку просіяти через сито. Розчиніть дріжджі в теплому
молоці, додайте 50 г цукру, 2-3 великі ложки муки,
1 ст. л. горілки та зробити закваску.
Перемішайте всі інгредієнти, накрийте місткість та
залиште в теплому місці на 30 хвилин. 8 жовтків збити
з 2-ма яйцями, 100 г цукру, розігрійте вершкове масло
та додайте до жовтків, додати 2 ст. л. олії та регулярно
помішуйте і додайте муку. Перемішати всі інгредієнти,
накрити місткість та залишити в теплому місці на 2
години. Зробіть невеличкі кульки з тіста та наповнюйте
їх різними начинками (вишнями, шоколадом або
цукерками, маком перетертим з цукром). Залиште
начинені пампухи на 10 хвилин, щоб тісто піднялося.
Для випікання використовуйте кулінарний жир (0,5 кг) з
0,5 л олії. Смажте пампухи з обох сторін до золотого
кольору. Посипте пампухи пудрою.

XII
GARLIC & BREAD

● ●

Garlic – is a protective
charm against evil forces, and the
embodiment of human strength and good
health. People usually place garlic at the 4
corners of their table, to ward off evil spirits
from all 4 corners of the house and the
family. Garlic and bread are the first dishes
shared at the Christmas table. It's customary
to peel garlic cloves with your teeth, to
ensure their health and strength for the year
to come.

● ●

Bread - is the symbol of life,
holiness and prosperity. On Christmas Eve, some
families also share 'struslia' – a bread plait, or a
sweet dough garnished with poppy seeds.

XII
ЧАСНИК ТА ХЛІБ

● ●

Часник – символ захисту від нечистої сили та символ людської сили та здоров'я. Зазвичай, часник ставлять на 4 кути столу, щоб захистити усі сторони оселі та сім'ї. Першими стравами, якими частуються на Святій Вечері є часник та хліб. Чистити часник потрібно обов'язково зубами - щоб вони були здоровими увесь рік.

● ●

Хліб – це символ життя, святості та багатства. На Святу Вечерю також використовують струслю (плетенка - солодкий плетений батон, або ж печений домашній хліб прикрашений маком).

EASTER
DISHES

ВЕЛИКОДНІ
СТРАВИ

EASTER BASKET

ВЕЛИКОДНІЙ КОШИК

What goes into an Easter Basket? Which foods can, and should be blessed in church, and which items should not be brought to church? Baskets are most commonly blessed on Easter Saturday, or early morning on Easter Sunday.

SO WHAT GOES INTO A TRADITIONAL EASTER BASKET?

PASKA (EASTER BREAD)

Paska is an integral part of the Easter Basket, which in turn symbolizes the Resurrection and the Kingdom of Heaven. Paska (also known as Babka) – is a round sweet bread, made with raisins, spices, enriched with egg yolks and butter, and decorated with whipped egg whites or sprinkles.
(See page 38.)

Що потрібно класти до Великоднього кошика? Які продукти можна та потрібно освячувати? Які речі не варто та не можна приносити до храму?! Традиційно, посвячують кошики у суботу перед Великоднем, або ж рано вранці у Великодню Неділю.

ТОЖ, ЩО КЛАДЕМО У ВЕЛИКОДНІЙ КОШИК?

ПАСКА

Невід'ємний атрибут Великоднього кошика, який символізує Воскресіння та Небесне Царство. За традицією, Паска (раніше називалась «баба», «бабка») – це солодкий хліб округлої форми з родзинками, пряношами, великою кількістю жовтків та масла, який покритий зверху збитими білками, або ж солодкою присипкою.
(Ст.39.)

EASTER BASKET

ВЕЛИКОДНІЙ КОШИК

SALT

Salt is a symbol of wealth, and is seen as a protective amulet. It also represents the connection between man and God. Blessed Easter salt is to be preserved and used throughout the year, thus blessing your family's food and protecting against evil. For centuries, Ukrainians greeted guests with bread and salt, which were considered incredibly precious and valuable. After all, breadmaking is a long process, which requires lots of time, patience and strength. And salt was often hard to come by and expensive, as it was brough' from lands far away by the "Chumaks".

СІЛЬ

Символізує достаток, оберіг родини та має зв'язок між людиною та Богом. Великодню сіль зберігають весь рік до наступного Великодня, якою буде освячена вся їжа та буде оберегом для вас протягом всього року. З давніх-давен, та за українськими традиціями зустрічали гостей з хлібом та сіллю, що для нашого народу є найдорожчим. Хліборобство – трудомісткий процес, який пов'язаний із великими витрати енергії та часу. Сіль було важко роздобути, її везли здалеку Чумаки та вона була дуже дорогою на той час.

MYRTLE LEAVES

Myrtle leaves are evergreen, and they symbolize eternal life and the immortal soul.

МИРТ

вічнозелена рослина, яка символізує вічне і безсмертне життя.

31

EASTER BASKET

ВЕЛИКОДНІЙ КОШИК

EGGS

Eggs are known as the symbol of rebirth and resurrection. In the past, it was customary to color the eggs red. You can do so by using natural colorings from boiling onion peel (the more peel – the more vibrant the color); bring the peel to a boil, then simmer on low heat for 30 minutes, up to an hour. Place eggs in room temperature water, then boil for 12-15 minutes. Once cooled – brush with the dye, and wipe down with paper towels – this will make them nice and glossy.

ЯЙЦЯ

Один із Великодніх символів. Мають значення відродження до нового життя. Раніше яйця покривали червоними відтінками. Один із секретів, як здобути червоний відтінок - закип'ятіть лушпиння цибулі – приблизно дві повні чашки (чим більше, тим краще для відтінку), потім на мінімальній температурі варіть ще 30 хв (до 1 години). Помістити у воду яйця кімнатної температури та варити їх 12-15 хв. Залиште остигати писанки у холодній воді. Як тільки вони охолонуть, змастіть їх олією та протріть серветками, це додасть блиску крашанкам.

CHEESE AND BUTTER

Cheese and butter symbolize tenderness, sacrifice, wealth and prosperity.

СИР ТА МАСЛО

Символ ніжності, жертовності, достатку та удачі в справах.

32

EASTER BASKET

ВЕЛИКОДНІЙ КОШИК

EASTER RUSHNYK (BASKET COVER)

Usually women of the house hand stitch their Easter covers. The most popular designs include Jesus Christ resurrected in heaven, and the traditional Easter greeting 'Christ is risen!' 'Indeed he is risen'. You can also find images of Easter baskets and eggs. Depending on regional specifics, you'll see various colors dominating Easter basket covers.

ВЕЛИКОДНІЙ РУШНИК

Зазвичай, господині або дівчата вишивають власноруч рушники до Великоднього кошика. Найпопулярніші зображення на рушнику – це зображення Ісуса Христа, який Вознісся на небо з надписом: «Христос Воскрес» - «Воістину Воскрес» також може бути зображений Великодній кошик. В залежності від регіону України, творці використовують кольори, які притаманні їхньому регіону.

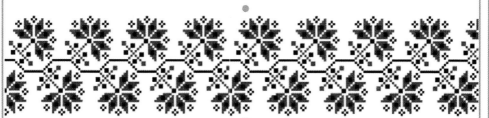

EASTER CANDLE

Candles are lit during Divine Liturgy and symbolize the holy flame and God himself.

ВЕЛИКОДНЯ СВІЧКА

Запалюється під час Великодньої літургії. Символізує святий вогонь та Бога.

33

EASTER BASKET

ВЕЛИКОДНІЙ КОШИК

HORSERADISH

Horseradish symbolizes the unbreakable spirit. People place horseradish root in their baskets, as well as the many dishes made with the addition of this fragrant root.
(See page 40)

ХРІН

Символ незламності духу. Зазвичай, хрін зачищають та ставлять у кошик із цвітом. У Великодніх стравах використовують гострий на смак корінь хрону.
(Ст.41)

BAKED AND SMOKED MEAT PRODUCTS

Sausage, ham and similar meats represent happy family relations and fertility.

М,ЯСНІ ПЕЧЕНІ ТА КОПЧЕНІ СТРАВИ

Такі як ковбаса та шинка, символізують щасливе сімейне життя та поповнення в сім'ї.

EASTER BASKET

ВЕЛИКОДНІЙ КОШИК

ALL THE COMPONENTS IN THE BASKET SHOULD BE CAREFULLY ARRANGED, AND SHOULD BE SNUGLY TOUCHING ONE ANOTHER. EVERYTHING FROM THE BASKET SHOULD BE EATEN AFTER THE BLESSING – SHARED WITH OR GIVEN TO FRIENDS AND FAMILY, BUT NEVER BE THROWN AWAY. DON'T BE TEMPTED TO PUT A KNIFE IN YOUR BASKET. MANY BELIEVE THAT BLESSED FOOD SHOULD BE CUT WITH A BLESSED KNIFE, BUT IT'S MERELY A SUPERSTITION. ALCOHOL ISN'T A TYPICAL EASTER BASKET ELEMENT, BUT SHOULD YOU CHOOSE TO INCLUDE SOME, BE SURE TO ONLY USE THE KIND THAT'S USED IN CHURCH – TYPICALLY SWEET RED WINES.

ВСІ ПРОДУКТИ ТА ЕЛЕМЕНТИ КОШИКА МАЮТЬ ПРИЛЯГАТИ ОДИН ДО ОДНОГО ТА НЕ МАЮТЬ БУТИ ЗАПОВНЕНІ В ХАОТИЧНОМУ ПОРЯДКУ. ВСІ ПРОДУКТИ ПОТРІБНО З'ЇСТИ АБО ПОДІЛИТИСЯ З РОДИЧАМИ АБО ДРУЗЯМИ, АЛЕ НІ В ЯКОМУ РАЗІ ЇХ НЕ МОЖНА ВИКИДАТИ. НЕ МОЖНА СТАВИТИ ДО КОШИКА НІЖ, АДЖЕ БАГАТО ХТО ВВАЖАЄ, ЩО ВСІ ПРОДУКТИ НЕОБХІДНО РІЗАТИ ОСВЯЧЕНИМ НОЖЕМ, ЩО Є ЗАБОБОНОМ. НЕ ОБОВ'ЯЗКОВИМ СКЛАДОВИМ КОШИКА Є АЛКОГОЛЬ, АЛЕ КОЛИ ВИ ВЖЕ ВИРІШИЛИ ЦЕ ЗРОБИТИ, ТО МОЖНА ОСВЯТИТИ ТІЛЬКИ ТЕ ВИНО, ЯКЕ ВИКОРИСТОВУЄТЬСЯ В ХРАМАХ ДЛЯ РЕЛІГІЙНИХ ОБРЯДІВ, ЗАЗВИЧАЙ ЦЕ – КАГОР (ЧЕРВОНЕ СТОЛОВЕ ВИНО).

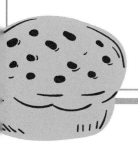

EASTER EGGS

Eggs, being the symbol of holiness and faith in God and Jesus Christ's Resurrection, are the central element of Easter celebrations. In the days leading to Easter, families make pysanky, krashanky and various egg-ornaments which will later be hung on the Christmas tree. A small town in Western Ukraine called Kolomyya is home to the world's only Pysanka museum, where one can marvel at Easter eggs from various regions of Ukraine, as well as other countries.

The secret to a perfect hardboiled egg is adding salt to your water (use 1 tsp salt per 1l water). Boil the eggs for 10-12 minutes, drain and cover with cold water, letting them cool for10 minutes. The use of salt and cold water facilitates peeling eggs, without ruining their delicate surface. Try the following recipe for a twist on an all-time favorite.

STUFFED EGGS

Ingredients: 6 eggs; 2-3 fresh horseradish roots, grated; 2/3 cup (150 ml) mayonnaise; dill and parsley weed, finely chopped; salt & pepper to taste
Directions:
Boil the eggs. Once cooled – gently peel them, then slice the eggs in half lengthwise. Remove the yolks, and set the whites aside. Mash the yolks with a fork into a fine crumble, and combine with the finely grated horseradish and mayonnaise. Season the mixture to taste and mix well. Scoop the mixture back into the whites, and garnish with finely chopped greens.

ВЕЛИКОДНЄ ЯЙЦЕ

Основна страва Великодня – варене свячене яйце – як символ святості та віри в Бога і Воскресіння Ісуса Христа. Зазвичай, у сім'ях перед Великоднем готують писанки, крашанки та різноманітні підвіски з яєць, які використовують як прикрасу на Різдвяну ялинку або як оберіг у кімнаті. У місті Коломия, на Заході України, діє єдиний у світі музей Писанка, який налічує безліч різноманітних писанок з різних регіонів України та інших країн світу. Для того, щоб яйця були добре зварені потрібно: залити водою яйця, додати на 1 л води 1 ч. л. солі та варити до готовності (після того, як вода закипить варити 10-12 хв). Злити гарячу воду та залити холодною водою і залишити на 10 хв. За допомогою солі та холодної води процес чищення буде простим та не пошкодить яйце. Для того, щоб ця основна страва смакувала вам, можна зробити наступну страву.

ФАРШИРОВАНІ ЯЙЦЯ

Інгредієнти:
яйця – 6 шт., хрін – 2 шт., майонез – 150 мл, сіль та перець до смаку, кріп та петрушка для декору.
Приготування:
відваріть яйця та розріжте їх навпіл і відділіть білок від жовтка. Натерти на дрібній терці хрін (або у блендері) та перемішати з жовтками, додати солі, перцю і майонез. Перемішайте суміш і покладіть її у білок. Присипати нарізаним кропом та петрушкою.

EASTER BREAD (PASKA)

The ornate round bread on an Easter table is called a Paska – it's a sweet, enriched bread, decorated with various decorative sweets. Usually the Paska is baked on the morning of Maundy Thursday. Paska recipes in every family always vary slightly, and thus each has its unique flavor.

Ingredients:
1 kg flour; 400ml milk; 10 egg yolks; 100g fresh yeast; 200g butter; 300g sugar; 100g raisins; 1/2 tsp salt; zest of 1 lemon

Directions:
Dissolve the yeast in warm milk, add 100g of sugar, 200 g of flour, and mix gently. Cover mixture with a cloth and set aside to proof until this starter has doubled in size. Once the mixture has risen, add ingredients in the following order: remaining sugar, egg yolks, raisins, lemon zest, salt and flour.

Knead until well combined, and lastly slowly add in your melted butter. Knead dough for 15 minutes, or until it's no longer sticky. Cover with a cloth and proof until double in size. Once the dough has risen, knock it down, and cover for another proof.

Divide the dough into 3-4 parts (Paskas) and fill into molds of your choice, allowing to rise. Preheat your oven to 200C (390 Fahrenheit). Bake the Paskas for 10 minutes, then turn the temperature down to 170-160C (340-320 Fahrenheit), and bake for another 50 minutes. Decorate your Paskas with pearl sugar, or as you like!

38

ПАСКА

Великодній хліб на столі – це *Паска* – солодкий, округлої форми, з родзинками та прикрашений різноманітними декоративними солодощами. Традиційно, господині печуть Паску у Чистий Четвер. Кожна господиня готує Паску за своїм рецептом, тому смак Паски є різним та смакує по-іншому.

Інгредієнти:
мука – 1 кг, молоко – 400 мл, жовтки – 10, дріжджі – 100 г, масло – 200 г, цукор – 300 г, родзинки – 100 г, сіль – 0,5 ч. л, потерта цедра з 1 лимона.

Приготування:
дріжджі роздробити у теплому молоці й додати 100 г цукру і 200 г муки. Всі інгредієнти добре перемішати, щільно накрити та поставити у тепле місце, щоб опара збільшилась вдвічі. Пізніше, коли тісто підросте, додати наступні інгредієнти відповідно, решта цукру (100 г), жовтки, родзинки, цедру з лимона, сіль та муку. Замісіть тісто до однорідності та в кінці додайте розтоплене, але охолоджене масло. Місити тісто потрібно до 15 хвилин, допоки тісто не буде прилипати до рук. Залишити тісто в теплому місці, щоб воно збільшилось вдвічі. Відкрити тісто, щоб воно опустилось та згодом накрити, щоб знову піднялось. Розділіть тісто на три або чотири частини (3-4 паски) та помістіть у форми для випікання і зачекайте, щоб тісто піднялось. Духовку розігрійте до 200℃. Після 10 хвилини випікання температуру духовки зменшити до 170-160 ℃ та випікати 50 хвилин. Посипати паски цукровими гранулами.

HORSERADISH

Horseradish – is one of the integral components of the Easter Basket, which symbolizes human health and strength. Horseradish dishes are usually prepared in the morning, to preserve the freshness and aromas. It's usually finely grated, or pulsed in a blender together with salt and pepper, and stored in an air-tight container. Horseradish can be added to every dish, as it adds heat and spice.
Try making both of the following dishes.

Horseradish Mayonnaise
Ingredients:
4-5 horseradish roots; 2 eggs, hardboiled; 150 ml mayonnaise;
Salt & pepper to taste
Directions:
Peel and grate (blend) the horseradish root. Finely grate the eggs. In a bowl combine all the ingredients, season to taste, and mix well.

Horseradish Beets
Ingredients:
3-4 beetroots; 3-4 fresh horseradish roots; 1 tbsp sugar; 1 tsp white vinegar; 50 ml vegetable oil; 1/2 tsp salt
Directions:
Boil the beetroots until cooked (approx. 1.5 hours), cool and peel. Peel the horseradish, and blend (or finely grate) together with the beets. In a bowl combine all the ingredients, season to taste and mix well. Store refrigerated in an air-tight container. Usually these are made a few days before Easter to allow all the flavors to marry and intensify.

40

ХРІН

Хрін є одним з обов'язкових складових Великоднього кошика, який символізує силу та здоров'я людини. Традиційно, хрін готують на сніданок для того, щоб він був свіжим та не втратив свою властивість смаку та аромату. Хрін натирають на дрібній терці або подрібнюють у блендері, додавши солі та перцю до смаку та закривають кришкою.

Зазвичай, хрін додають до всіх страв, смак його надає страві пікантності та гостроти. Ви можете приготувати обидві страви з хроном:

Хрін з майонезом

Інгредієнти: хрін – 4-5 шт., яйця – 2 шт., майонез – 150 мл, сіль та перець до смаку.

Приготування:
почистити та натерти хрін на дрібній терці або подрібнити у блендері. Відварити курячі яйця до готовності та також натерти на терці. Додайте майонез, солі та перцю до смаку та перемішати усі інгредієнти.

Бурячки з хроном

Інгредієнти: червоний буряк 3-4 шт., хрін – 3-4 шт., цукор – 1 ст. л, оцет – 1 ч. л, олія – 50 мл, сіль – 0,5 ст., л.

Приготування:
буряк варити до готовності (приблизно 1,5 години), охолодити та почистити. Хрін почистити та натерти на дрібній терці разом з буряками або подрібнити у блендері. Змішайте буряк з хроном, додайте сіль, перець, цукор, оцет та олію і перемішайте. Бурячки помістити у банки та тримати у холодильнику. Зазвичай, бурячки готуються за декілька днів до Великодня, щоб вони настоялися та отримали необхідний смак та аромат.

UKRAINE IS A COUNTRY RICH IN CULTURE AND UNIQUE TRADITIONS. AFTER MANY HOURS SPENT WITH TOURISTS, SHARING STORIES ABOUT OUR MANY DIFFERENT FOODS AND THEIR HISTORY, I BEGAN DREAMING OF SHARING RECIPES OF MY FAVORITE UKRAINIAN DISHES. PEOPLE OF UKRAINIAN HERITAGE - MORE THAN ANYONE - LOVE LEARNING ABOUT THEIR NATIONAL CUISINE, THE STORIES, AND TRADITIONS RELATED TO THEM. I HOPE YOU THOROUGHLY ENJOY THIS CULINARY JOURNEY YOU EMBARK ON. THIS LED ME TO WRITE THIS, MY FIRST COOKBOOK BOOK: "UKRAINIAN COOKING IN TARAS' KITCHEN", TO TAKE YOU ON A CULINARY JOURNEY WITH ME THROUGH UKRAINE AND ITS MANY FLAVOURS!
PLEASE ENJOY THIS BOOK, AND FEEL FREE TO SEND YOUR FEEDBACK, ALONG WITH PHOTOS OF YOUR CREATIONS TO ME, THE AUTHOR – TARAS SABADASH: TARASKITCHEN.UA@GMAIL.COM

УКРАЇНА БАГАТА СВОЄЮ КУЛЬТУРОЮ ТА ТРАДИЦІЯМИ. БАЖАННЯ ПОДІЛИТИСЯ РЕЦЕПТАМИ НАШОЇ СМАЧНОЇ КУХНІ, ЯКУ НАЙЧАСТІШЕ ГОТУЮТЬ УКРАЇНСЬКІ ҐАЗДИ ТА ҐАЗДИНІ, ВИНИКЛО ПІСЛЯ ЦІКАВИХ РОЗМОВ З ТУРИСТАМИ З РІЗНИХ КРАЇН СВІТУ ЗА ЧАСТУВАННЯМИ УКРАЇНСЬКИМИ СТРАВАМИ ТА РОЗМОВАМИ ПРО ПОВ'ЯЗАНІ З НИМИ ІСТОРІЇ. ОСОБЛИВО, ВИХІДЦЯМ З УКРАЇНИ ЦІКАВО ТА ВАЖЛИВО ПІЗНАВАТИ НАЦІОНАЛЬНІ СТРАВИ, А, ТИМ ПАЧЕ З ТРАДИЦІЯМИ ЇХНЬОГО ПРИГОТУВАННЯ ТА РЕГІОНАМИ ПОХОДЖЕННЯ.
БАЖАЮ КОЖНОМУ ДОСЛІДЖУВАТИ НОВІ МІСЦЯ З ЧУДОВИМИ ТА НЕЙМОВІРНИМИ СМАКАМИ РІЗНИХ КРАЇН НАШОЇ ПЛАНЕТИ. НАСОЛОДЖУЙТЕСЬ СТРАВАМИ З ЦІЄЇ КНИГИ ТА НАДСИЛАЙТЕ СВОЇ ВІДГУКИ ТА СВІТЛИНИ. ВАШ АВТОР – ТАРАС САБАДАШ. НАЙЩИРІШІ ВІТАННЯ З УКРАЇНИ!

taraskitchen.ua@gmail.com

HAPPY HOLIDAYS
ВЕСЕЛИХ СВЯТ

Check out my other brand new cookbook!

ALSO ON AMAZON

UKRAINIAN COOKING
IN
TARAS' KITCHEN

BY TARAS SABADASH

WITH LOVE FROM UKRAINE

Manufactured by Amazon.ca
Bolton, ON

18474223R00031